DONNER DU SENS À SA VIE

Trouver le sens de votre parcours et suivez-le

Matthieu D. Smite

DONNER DU SENS À SA VIE

DONNER DU SENS À SA VIE
Trouver le sens de votre parcours et suivez-le

Copyright © 2021 by Matthieu D. Smite

Ce livre est conçu pour fournir des informations compétentes, de la transparence et des encouragements concernant le sujet traité. La numérisation, le téléchargement et la distribution de ce livre sans le consentement préalable de l'auteur constituent un vol de propriété intellectuelle (IP).

Tous les droits sont réservés. Aucune partie de ce livre sans autorisation ne peut être reproduite, stockée dans un système de récupération ou transmise sous quelque forme que ce soit - numérisée, électronique, photocopiée ou enregistrée sans le consentement écrit de l'auteur car cela est strictement interdit. Des extraits et des liens peuvent être utilisés, à condition qu'un crédit complet et clair soit donné à l'auteur Matthieu D. Smite avec une direction spécifique au contenu original.

Si vous souhaitez utiliser le matériel du livre pour de courtes citations ou des copies occasionnelles de pages pour une étude personnelle ou en groupe, cela est autorisé (sauf à des

DONNER DU SENS À SA VIE

fins de révision). Cependant, une autorisation écrite préalable doit être obtenue sur demande en envoyant un courrier électronique à l'auteur sur **msmite@hotmail.co.uk**.

Publié par: Authentic Worth
Website: www.authenticworth.com
ISBN Number: 978-1-8384576-6-2

Authentic Worth vous redonne de la valeur à travers la narration et l'écriture de livres !

Remerciements

Bernadette M. Irma

Je tiens à remercier une femme très forte qui me tient à cœur. Lui donner un Oscar pour le sacrifice qu'elle a fait pour ses deux enfants ne suffirait pas. Les choses que je l'ai vue endurer pour ma sœur et moi ne seront jamais oubliées, et les prières secrètes qu'elle envoie seront toujours ressenties et reçues. Merci maman pour tout!

Wilson Smite

Je tiens à remercier mon père car nous avons réussi à changer les choses grâce à la compréhension, les conversations significatives que nous avons eues telles que la croyance en soi et, finalement, la gratitude d'avoir toujours un père. Non seulement cela, tu m'as également donné un frère et 2 petites sœurs que j'aime de tout cœur. Grace à eux, ils m'ont rendu plus alert de la vie et des décisions que je prends. Merci pour ça!

DONNER DU SENS À SA VIE

Melodie R. Smite

J'aime le fait que tu sois bâtie comme maman, pour ne craquer sous aucun prétexte. Merci pour ma première petite nièce. Keyanna est la raison pour laquelle ma vie a changé. J'ai un amour inconditionnel qui ne peut être décrit pour ma nièce, mais quant à toi, sœurette, je veux que tu saches que tu es la plus réelle pour la vie et celle d'après.

Chris Ngugi

Je tiens à remercier un ami très cher qui s'est d'abord transformé en frère, puis en partenaire commercial. L'un des attributs que tu as ajoutés dans ma vie était de m'accorder plusieurs livres à lire lorsque j'étais dans en lieux sombre mentalement. Je ne te l'ai jamais dit, mais cela m'a aidé à élargir mon esprit pour grandir énormément. Nous n'avons pas encore terminé, mais merci mon frère; Je suis reconnaissant!

DONNER DU SENS À SA VIE

GOD

Je voudrais remercier tous ceux que Dieu a placés dans ma vie que j'ai croisés et rencontrés. Que ce soit ma famille, mes amis, mes associés et mes collègues parce que chacun de a fait partie de mon parcoure et m'a sculpter d'une manière ou d'une autre. Mon parcours de 30 ans m'a fait comprendre pourquoi certaines choses devaient se produire dans ma vie. Ceci étant dit, MERCI DIEU!

DONNER DU SENS À SA VIE

LE BUT RECHERCHE

J'ai pu rassembler ce que j'ai vécu jusqu'à présent. Mon espoir pour vous en lisant ce livre est de changer positivement votre perception de la vie et de vous améliorer, ce qui profiterait à votre parcours d'une manière ou d'une autre à travers les expériences de ma vie que je partage avec vous aujourd'hui. Comprendre à travers mon histoire que rien n'est jamais perdu d'avance, il y a toujours de l'espoir, il faut croire à son potentiel et à toutes les capacités qui sont cachées en nous.

DONNER DU SENS À SA VIE

"On commence tous quelque part.
Où nous finissons,
c'est notre choix."

Anonyme.

DONNER DU SENS À SA VIE

Page De Contenu

Introduction **Mon Pourquoi (but)**	1
Chapitre 1 Le chemin que j'ai traversé	5
Chapitre 2 Un niveau de compréhension supérieur	28
Chapitre 3 Sois-même	41
Chapitre 4 Perspectives relationnelles; Amis Relations intimes	53
Chapitre 5 Attachement Cassé	63
Chapitre 6 Retrouver ses pieds	69
Chapitre 7 Le prix ultime	83
Auto-évaluation	92
References/Notes	93

DONNER DU SENS À SA VIE

Introduction

AOUT 2011…

J'ai vécu dans un cercle vicieux pendant sept ans. J'avais 21 ans quand la pensée m'a traversé l'esprit et Dieu seul sait pourquoi! Ma conviction à l'époque était "Dieu nous a placés dans la lutte comme un test non seulement pour nous en sortir, mais pour nous rendre plus forts". Curieusement, j'étais adolescent quand j'ai demandé à ma grand-mère ce que voulait dire Dassi (le deuxième prénom qu'elle m'a donné). Sa réponse à cela était "Seul Dieu le sait". Ou encore Dieu est au contrôle de toute chose, lui seul est le maitre du temps et des circonstances.

J'ai été pris dans le lifestyle de vie banlieusard que je n'ai pas choisi intentionnellement et j'ai couru avec en raison d'être un produit de mon environnement comme n'importe quel autre jeune banlieusard.

DONNER DU SENS À SA VIE

Avoir tant de problèmes entre 14 et 22 ans m'a fait réaliser longtemps après le stress que j'ai fait subir à ma mère en raison de mon mode de vie. J'avais le fort sentiment qu'elle savait que j'étais dans les gangs mais ne savait pas comment aborder la situation, parce que j'entrais et sortais de la maison sans discuter de la façon dont ma journée s'était déroulée, ni de l'endroit où j'ai été, ni aux problèmes auxquels j'étais confrontés.

Dans ma tête, je n'arrêtais pas de dire "Elle ira bien; elle est forte" même si elle s'interrogeait sur son fils tous les jours. Parfois, des pensées, des questions et des images me traversaient l'esprit, notamment les suivantes:

- "Comment ma vie serait-elle si mon père était là?"
- "Où serais-je maintenant s'il était là?"
- "Serais-je différent de qui je suis maintenant?"

DONNER DU SENS À SA VIE

La seule personne que je voulais blâmer était mon père de ne pas être présent pour me guider dans la vie. En raison de mes implications dans la rue, à l'âge de 17 ans, j'ai appris à assumer la responsabilité de mes actes en raison de ma première et dernière infraction que j'ai commise et où j'aurais pu encourir une peine de prison de sept ans.

Une bonne leçon j'ai échappé! Donc, comme la plupart des jeunes garçons noirs qui grandissent dans une famille dysfonctionnelle, j'avais deux options:
1. Soit je m'y attarde, le laissant m'affecter toute ma vie, soit ;
2. Garder le menton haut et assumer la responsabilité de ma vie et en tirer le meilleur parti.

Aujourd'hui, j'ai 31 ans et je n'ai pas encore atteint mon objectif de vie ultime qui est d'avoir une liberté totale dans un mode de vie de travailleur indépendant. Je suis conscient du chemin parcouru par chaque niveau de réussite.

DONNER DU SENS À SA VIE

Cependant, ce livre vous dira ce qui m'a poussé à commencer le parcours, y compris la croyance en une relation de cause à effet dans plusieurs domaines de la vie. A partir de ce moment, mon esprit a changé d'avis à travers une décision que j'ai soutenue.

Chapitre 1

Le chemin que j'ai traversé

Je me souviens de souvenirs flous de mon père dès l'âge de quatre ans qui se sont déroulés en Martinique où je suis né, vivant heureux avec mes deux parents, ma sœur aînée et ma grand-mère.

Les choses semblaient normales, jusqu'à ce que nous emménagions en France. En grandissant, mon père vivait avec nous et parfois, il était absent, ce qui était étrange. Assez étrange, pas une seule fois quand mon père n'était pas là, je demandais à ma mère: "Où est mon papa?".

Comme c'etait devenu un mode de vie normal: voir mon père aller et venir était une chose à laquelle je m'étais habitué. La situation était arrivée à un point où mon père ne vivait plus avec nous en permanence, mais nous emmenait ma sœur et moi pour le week-end.

DONNER DU SENS À SA VIE

Sa présence physique et sa communication étaient devenues de plus en plus réduites au fil des années. Vivre en France, Paris entre 4 et 12 ans était intéressant, bon et amusant. Néanmoins, je peux dire que j'ai eu une bonne éducation malgré tout, car ma mère s'assurait que nous pratiquions des activités sportives dès notre plus jeune âge et nous faisait voyager avec le club de jeunesse locaux. Mon Père était là de temps en temps pour nous soutenir dans nos activités sportives, ce qui était utile.

En 2002, ma mère décide que nous devions quitter la France pour nous installer à Londres. Décision motivée par la recherche d'une vie meilleure pour ses enfants. A partir de ce moment, l'absence de mon père s'est réellement fait sentir au point de laisser un trou dans mon évolution.

Une fois installés à Londres, nous découvrons un monde nouveau, avec ses valeurs et ses manières de vivre, auxquelles il faut s'adapter.

DONNER DU SENS À SA VIE

Le temps passe vite, très vite et voilà la rentrée scolaire qui arrive. C'est ainsi que je me suis retrouvé dans une école où je ne connaissais pas de mots d'anglais à l'âge de 12 ans. Quel CHOC!!! J'ai dû m'adapter et m'intégrer assez vite. C'était plus facile à dire qu'à faire lorsque des camarades de classe se moquaient de mon anglais en essayant de communiquer avec moi.

Être harcelé n'a jamais été le cas à l'école, mais il est inévitable que les enfants se moquaient d'un accent étrangé qu'ils n'entendaient souvent pas, surtout un français! Alors, cela seul, m'a fait entrer dans un chemin introverti à un jeune âge. Inconsciemment, je n'ai pas construit ou socialisé dans la plupart des endroits de l'institut parce que je me suis tenu à l'écart des groupes.

Ce regard des autres adolescents me renvoyait une image de la différence, je me sentais vraiment différent des autres et c'est ainsi que j'ai développé un comportement introverti et renfermé sur moi-même.

DONNER DU SENS À SA VIE

Comportement qui m'a conduit à être à l'écart des autres jeunes de mon âge et du groupe de camarades.
En plus de cela, mon anglais était une langue que je devais perfectionner avant d'être suffisamment confiant pour nouer des relations. Bien sûr, je me suis finalement fait des amis à l'école.

Certains amis d'école étaient ceux que je rencontrais le week-end. Après un certain temps, comme nous traînions dans le quartier, nous avons commencé avec des amis communs, ce qui m'a amené à rejoindre un gang local.

En dehors de l'environnement des gangs, il était difficile de développer une "personnalité d'approche sociale" avec d'autres individus parce que je ne savais pas comment faire. Il fallait appartenir à un groupe de jeunes pour se sentir vivre et valorisé.

DONNER DU SENS À SA VIE

Je n'étais pas libre de faire le premier pas, je n'avais pas cette capacité car je percevais les autres comme beaucoup plus avancés que moi tant sur le plan culturel que sur le plan linguistique.

Par exemple, des opportunités telles que former des camarades de classe qui auraient pu m'aider à réussir davantage dans mes années d'études et à grandir au collège et à l'université.

D'un autre côté, être dans un environnement cultivé par des gangs a quelque peu façonné mon identité personnelle en devenant un homme ferme et résistant contre le monde lorsque la vie m'attaque avec des adversités. Une peau dure devait être construite pour affronter toute adversité par exemple:

1. Des bagarres de rue et;
2. La brutalité policière que j'ai parfois rencontrée.

DONNER DU SENS À SA VIE

Néanmoins, le mode de vie que j'ai mené m'a automatiquement appris des principes qui sont désormais ancrés en moi. J'ai développé et accepté une règle d'or, une morale et une conviction de vivre selon, et en particulier, la loyauté.

Afficher une forme de déloyauté est voué à l'échec de l'environnement dans lequel j'ai été impliqué; gérer les problèmes seul dans la plupart des cas et ne pas mendier ou devenir nécessiteux pour quoi que ce soit dans la vie. Si vous le voulez, il était nécessaire de travailler pour cela, mais pas au point de blesser quelqu'un.

Choquant non? Bien que la culture des gangs vous enseigne à faire le contraire; dans ce cas, c'était quelque chose qui ne me convenait pas, et pour être strictement honnête, on ne m'a pas appris cela dans la rue. Mon expérience était juste des guerres de territoire avec d'autres quartiers.

DONNER DU SENS À SA VIE

L'absence de mon père m'a fait chercher quelque chose dont je n'étais pas au courant à l'époque. Ironiquement, ce n'était pas à quelqu'un de se sentir en sécurité ou protégé, mais plutôt pour obtenir des guides de conseils.

Le premier guide de conseil que j'ai eu à 14 ans était quelqu'un de plus âgé que moi qui m'a dit: "Si tu te débarrasses de ces Drug pour moi, tu recevras une moto à la fin!" Curieusement, c'était une sorte de guide, ou du moins perçu à l'époque. Quel enfant ne veut pas d'une bécane dans sa vie d'adolescent? Cette moto est-elle venue à ma rencontre? Bien sûr que non!

Mon expérience de grandir à Londres, où les gangs de rue étaient connus pour être prédominants dans la plupart des régions, a développé en moi la colère, la grossièreté, l'agressivité …mais aussi la fermeté, le sérieux, pour être valorisé et accepté par des personnes de mon entourage et également ceux qui ne me connaissaient pas.

DONNER DU SENS À SA VIE

Il y avait un grand besoin de reconnaissance de la part des autres afin de se sentir Homme alors que je n'étais qu'un jeune garçon. Je ne savais pas que j'étais perdu et induit en erreur par mon environnement.

Avez-vous déjà été dirigé vers Dieu à travers vos difficultés? En raison de l'implication sérieuse dans les guerres de codes postaux, ce qui est devenu une seconde nature était de surveiller constamment mes arrières, de regarder chaque voiture qui passait et de faire le tour du domaine dans lequel je vivais, y compris la porte d'armes en raison de la gravité de nos actions et du nombre de personnes qui nous détestaient.

Comme beaucoup de choses me trottaient dans la tête, j'avais du mal mentalement à chaque fois que je me retrouvais dans mon lit. J'étais toujours dans des pensées profondes qui me tenaient éveillé la nuit et m'amenaient à avoir des conversations avec moi-même.

DONNER DU SENS À SA VIE

Une fois seul et dans mon lit, j'étais constamment en communication avec ma conscience, je revoyais mon mode de vie et cette voie me disait toujours tu n'es pas à ta place.

La seule façon pour moi de m'échapper ou de chercher une sorte de soulagement du stress était d'écrire sur ma situation. Je n'ai parlé à personne du fardeau auquel je faisais face. À l'époque, je vivais avec ma mère et ma sœur aînée. Comment vous ouvrez-vous vraiment ou abordez-vous la situation à votre propre famille?

Les pensées dans ma tête étaient obscurcies par les problèmes qui se sont produits. Contacter mon père n'était pas dans mes penser parce que je me sentais comme une personne novice. J'avais l'impression d'appeler mon père pour lui dire ce que je ressentais était perçu comme une forme de faiblesse.

Cela peut sembler facile à faire, mais ce n'était vraiment pas le cas. Comment aborder une conversation avec quelqu'un dont vous n'avez presque pas une relation?

DONNER DU SENS À SA VIE

Je ne me suis jamais ouvert à lui quand j'étais enfant et je n'ai jamais été conditionné à le faire. Comment puis-je m'ouvrir à un père absent surtout à l'âge de 21 ans? L'écriture était ma seule thérapie qui me mettait à l'aise. Cela m'a donné la paix pendant un certain temps.

Ce n'est qu'alors que j'ai ressenti une joie indicible en conversant avec Dieu. Cette expérience m'a fait réaliser que Dieu est à l'intérieur de moi-même, et depuis lors, j'ai continué à construire une relation avec Dieu. Je crois fermement que mon père a fait ce qu'il a pu, car il y a eu plusieurs tentatives où il m'a appelé. Mais, je ne pouvais pas m'ouvrir et nos conversations étaient courtes et je ne disais pas grand-chose.

Lorsque mon père restait au téléphone pendant plus de 10 minutes, les conversations que nous avions étaient basées sur ma santé physique et sur mon état mental, ce dont j'étais très reconnaissant.

DONNER DU SENS À SA VIE

Souvenez-vous que j'étais souvent dans mes pensées; eh bien, je me rendais vite compte que ce que mon père aurait à faire, c'était de rencontrer ma mère et de laisser la vie suivre son cours comme elle l'avait prévu. Au fur et à mesure que ces pensées commençaient à me traverser l'esprit, j'ai progressivement abandonné la colère que j'avais envers mon père et la douleur qu'il portait en moi.

Ma définition d'une vie normale pour un jeune garçon était d'aller à l'école, à l'université, d'étudier et de participer à différentes formes d'activités ou de passe-temps pendant la semaine, et d'aller chez un ami pour passer du temps avec lui pendant le week-end. Même si j'aimais aller à l'école et à l'université, je me retrouvais toujours à perdre du temps, ce qui m'empêchait d'obtenir les meilleures notes que j'aurais pu avoir.

C'est le point que je faisais en termes d'avoir des conseils judicieux d'une figure paternelle qui aurait fixé des limites saines pour ma vie.

DONNER DU SENS À SA VIE

Je n'avais pas de limites à vivre avec ma mère, ce que je trouvais vraiment cool; faire ce que je voulais et quand je le voulais. Ma mère a fait un excellent travail en étant une pourvoyeuse, nous protégeant, mettant un toit sur nos têtes, nous habillant, nous nourrissant et nous donnant de sages conseils; néanmoins, il n'y avait pas de limites strictes.

Cela explique souvent la raison pour laquelle beaucoup de jeunes garçons qui grandissent recherchent l'approbation au-delà de ce qui est à la maison, ce qui dans la plupart des cas se retrouve au mauvais endroit et finit par nous affecter et faire face à la pression sociale.

L'une des décisions que j'ai pensée assez longtemps que je devais prendre était de savoir si j'allais rester un Bad boy pour le reste de ma vie ou arrêter et devenir un homme normal.

DONNER DU SENS À SA VIE

Finalement, j'en ai grandi en analysant ce qui se passait dans ma vie et j'ai conclu par ceci: "Ma mère n'a pas quitté l'Afrique pour que son fils mène une vie de mauvais garçon et j'ai décidé d'arrêter!" Je peux maintenant dire que j'ai pris l'une des meilleures décisions!

C'est arrivé à une étape de ma vie à l'âge de 22 ans, lorsque j'allais à l'église et que j'étais invité par un ami. Je me sentais seul chez moi et j'avais décidé d'abandonner le style de vie des gangs. Je voulais aussi reprendre des études, ce que j'ai finalement fait au début.

C'était exactement ce dont j'avais besoin; une distraction positive par rapport au résultat négatif auquel je me livrais. J'ai apprécié à la fois l'église et l'université où j'ai étudié l'informatique. D'un autre côté, je sentais une autre sorte de lourdeur se charger sur moi.

DONNER DU SENS À SA VIE

Certains diront peut-être Bienvenue au début de la vie adulte! Cependant, cette fois, c'était un autre type de pression; "La pression de la gestion". Gérer les responsabilités de l'église et la charge de travail que j'avais de l'université.

Ce que j'ai vite appris en côtoyant des personnes aux vues spirituelles, c'est que tout ce que nous avions prévu de faire ou dans lequel nous étions impliqués devait inclure la prière. La prière est devenue une habitude et finalement un mode de vie.

La seule prière que j'ai grandi en connaissant avant d'entrer dans une église était Matthieu 6: 9-15 (La prière du Seigneur), alors que l'église à laquelle j'assistais chaque semaine m'enseignait différentes manières de prier, y compris la prière collective; le développement d'un être spirituel ayant une expérience de vie physique avec les autres.

DONNER DU SENS À SA VIE

Incontestablement, la prière était un outil nécessaire que j'ai commencé à apprécier. C'est arrivé à un point où j'ai pris le rôle principal de diriger des réunions de prière. Je me souviens encore de la première fois où j'ai ouvert un service religieux avec la prière.

C'était une congrégation d'un peu moins de 200 membres. Mes nerfs étaient à vif! Je savais ce que j'avais à faire; cependant, je n'étais pas complètement préparé et je ne savais pas quoi dire. Une fois, j'ai pris le micro, je me suis présenté devant l'assemblée et j'ai fermé les yeux pour prier. Instantanément, j'ai senti le Saint-Esprit prendre le contrôle total de ma bouche. Tout d'un coup, tout s'est enchaîné.

Mes amis proches peuvent vous dire combien j'avais du mal à m'exprimer verbalement. Réussir une telle épreuve pour la première fois devant une foule était remarquable! L'expérience a définitivement changé ma vie car elle m'a encouragé à me regarder différemment, elle a réveillé le potentiel qui dormait en moi.

DONNER DU SENS À SA VIE

C'est ainsi que j'ai recherché le côté spirituel de la vie et me poser des questions. Je suis devenu plus conscient de ma connexion avec Dieu au quotidien, ce qui m'a fait moins m'inquiéter des problèmes de la vie et des situations que je traversais à l'époque.

Faire de la prière m'aide à mieux comprendre la vie. Si je rencontre une sorte de confusion, je sais que Dieu est présent pour me rappeler de lâcher prise et de Le laisser suivre son cours. J'en suis arrivé au stade où j'avais des conversations informelles avec Dieu à propos de tout.

Aller à l'église au début de la vingtaine m'a aidé à renforcer et à impliquer Dieu dans tout ce à quoi je participe et à ne pas être injuste, en me rappelant à quel point il a toujours été mon secours et à côté de moi. Vivre une vie d'insouciances, pleine de hasard pour arriver à une vie juste remplie de paix et de joie était tout ce dont j'avais besoin.

DONNER DU SENS À SA VIE

Le simple fait d'établir une vraie relation avec Dieu a été une véritable structure dans ma vie que je ne réalisais pas à l'époque. Peut-être, c'était sûrement les conseils dont j'avais besoin.

Rappelez-vous quand j'ai mentionné que j'étais dans des pensées profondes. Eh bien, quand j'ai commencé à écrire, j'ai trouvé Dieu en moi. C'est exactement ce que je veux dire par avoir une vraie relation avec le Père. Commencez à avoir des discussions authentiques et honnêtes avec vous-même et vous finirez par rencontrer la Présence de Dieu.

Il finira par se manifester véritablement en nous car la Bible ne dit-elle pas que notre corps est le temple du Saint Esprit? C'est un bon sentiment de savoir que le Saint-Esprit s'occupe de nous, prend soin de nous, nous protège et, finalement, nous offre des opportunités, ouvre les bonnes portes et ferme les mauvaises. Il est notre lumière, il est le guide par excellence.

DONNER DU SENS À SA VIE

Vous pourriez être seul en ce moment, mais Jean 14:16 dit: "Et je prierai le Père, et il vous donnera un autre consolateur afin qu'il demeure avec vous pour toujours". Dieu est le Divin qui règne et opère dans tout l'univers.

Dieu nous a créés à son image, bien que nous ne l'ayons jamais vu physiquement. Le Saint-Esprit est en nous au quotidien. Dans mon expérience jusqu'à présent, mon voyage de spiritualité rencontre simplement un autre domaine que je vois avec mes yeux physiques. Des questions:

- Avez-vous déjà fait un rêve et vous êtes-vous réveillé comme s'il était réel?
- Avez-vous déjà rêvé d'une vision, d'un objectif ou d'une mission et l'avez-vous réalisé?
  -C'est ce que je veux dire par un autre royaume.
- Avez-vous déjà fait un rêve, et lorsque vous vous réveillez vous vivez exactement ce qu'il s'est passé dans votre rêve?

DONNER DU SENS À SA VIE

- - Si oui, c'est le Saint-Esprit au-delà de notre imagination et de ce que nous savons
  - Si non, vous aurez à rencontrer cette expérience tôt ou tard !

L'église m'a aidé à devenir mieux équipé et prêt spirituellement, me préparant au combat spirituel. Avoir une relation améliorée avec Dieu m'a fait prendre conscience de l'importance de comprendre et de résoudre mes problèmes d'un point de vue spirituel dans la prière.

Je l'ai fait en travaillant sur mon développement personnel qui m'a amené à comprendre ma santé émotionnelle et mentale. Que vous soyez religieux ou non, acquérir un niveau de compréhension de votre bien-être mental, émotionnel et spirituel finira par améliorer votre vision du monde.

DONNER DU SENS À SA VIE

Lorsque ce niveau de compréhension atteint un certain degré, vous contrôlez mieux votre environnement et ce qui se passe autour de vous. Vous pourrez modifier vos réactions grâce à votre état mental et contrôler les sentiments dans votre esprit qui vous poussent à prendre de mauvaises décisions.

Si je devais décrire la prière en un mot, ce serait « **extraordinaire** » Finalement, j'en suis arrivé au point où j'ai abandonné le poste où je travaillais et je me suis retrouvé sans emploi. J'étais mécontent et j'ai décidé de partir après y avoir bien réfléchi.

Ma mère et un bon ami m'ont dit que c'était une mauvaise idée et que je n'aurais pas dû partir. Je n'ai pas écouté, non pas par entêtement mais parce que je croyais en moi pour obtenir une plus grande opportunité. C'est généralement ce qui se passe lorsqu'on est conduit par la Saint Esprit, on est moins sensible à ce que les autres peuvent dire ou penser.

DONNER DU SENS À SA VIE

J'ai décidé de prendre une semaine de congé pour me reposer. La deuxième semaine, j'ai commencé à postuler et à la troisième semaine, j'étais employé dans un autre organisme.

J'ai réussi à trouver une meilleure opportunité où j'ai été accepté, ce qui m'a fait réaliser que même si la chance n'était peut-être pas en ma faveur, j'avais cru en moi! Cette petite expérience m'a donné une plus grande conviction qui a façonné mon monde avec un état d'esprit positif.

Qu'il s'agisse de déclarer des paroles positives d'affirmation ou de bonnes pensées, les fruits finiront par se manifester. Un mois dans l'environnement de travail et un flash-back m'est venu à l'esprit: rêvasser et travailler comme bureaucrate dans une entreprise, avec un costume.

DONNER DU SENS À SA VIE

Étonné du chemin parcouru, j'ai rêvé quand j'étais enfant en France que lorsque je serai grand, je voudrais travailler dans un beau bureau. C'était la petite vision que j'avais, et maintenant, cela a vu le jour. Je me voyais souvent et j'aspirais à être ce type d'individu. Je suis ici; un manageur du développement commercial travaillant à Canary Wharf.

Bien sûr, c'était excitant car avant cela, j'avais travaillé dans des stades, des magasins et des agences, y compris des rôles de vente pour lesquels je suis très reconnaissant. Cependant, il ne s'agissait pas du titre ou des positions.

C'est le fait d'être ambitieux, de viser plus haut selon mes propres termes avec la conviction que cela m'a donné. Cependant, c'était Dieu qui me démontrait que tout est possible avec Lui.

DONNER DU SENS À SA VIE

*"La vie n'est pas de se trouver,
il s'agit de se créer soi-même.
Alors, vivez la vie que vous avez imaginée."*

Henry David Thoreau.

Chapitre 2

Un niveau de compréhension supérieur

J'ai pris la décision de m'éloigner de ce qui ne me profitait plus, en raison du désalignement, de l'incrédulité et d'autres aspects qui ne correspondaient pas à mon objectif. Il m'a fallu près d'un an pour m'absenter de mon église.

À mon avis, les églises n'ont pas la responsabilité immédiate de faire découvrir l'identité d'un individu. Ma croyance est que les églises sont mises en place pour contribuer à aider les individus à s'unir et à se développer d'une manière ou une autre.

Partir n'a pas été facile à mesure que les relations et les responsabilités construites au fil des années se sont développées, mais une décision a dû être prise afin de rechercher un niveau de compréhension plus élevé.

DONNER DU SENS À SA VIE

Après quatre années passées à fréquenter la même église, j'ai senti que j'étais gardé sous le même nuage. Bien qu'un nuage puisse être brillant, il peut souvent devenir flou et brumeux, même si j'ai définitivement gagné en confiance sous ce nuage.

Cependant, au fur et à mesure que les saisons changeaient et évoluaient, certaines choses sujettes à moi ne me servaient plus en tant qu'individu. Avant mon départ, j'ai commencé à recevoir quelques questions dont les suivantes:

- Quelle pratique avions-nous avant la religion?
- Pourquoi ai-je entendu un message répétitif prêché?
- Pourquoi la prédication est-elle basée sur un aspect particulier du christianisme?
- Pourquoi les églises ne parlent-elles pas sur des sujets différents?
- Pourquoi n'enseignent-elles pas comment devenir des hommes responsables et suivre un objectif avant d'influencer le mariage à un jeune âge?
... et bien d'autres questions

DONNER DU SENS À SA VIE

Cela ressemblait à de la culture, plutôt qu'à une relation personnelle plus profonde avec Dieu. J'ai compris qu'en raison de l'éducation et de l'état d'esprit des membres de l'église, je supposais qu'ils n'avaient qu'une façon de penser.

Cependant, pour moi, je voulais une connexion plus forte avec Dieu avant toute autre chose. Ces questions ne pouvaient pas être répondues, et encore moins posées dans l'église parce que, cela serait considéré comme déviant du but de l'église. Alors que je m'efforçais d'obtenir des réponses à mes questions, j'ai réussi à obtenir quelques réponses. Les réponses m'ont donné de la clarté avec confiance plutôt que de la confusion.

Ce n'est pas que j'ai commencé à remettre en question Dieu, mais j'ai commencé à remettre en question l'organisation de l'église. En d'autres termes, le peuple, parce que nous sommes l'église. La clarté que j'ai reçue m'a permis de mieux comprendre que certains sermons ne me profitaient plus, c'était plutôt dans l'intérêt des gens (l'organisation).

DONNER DU SENS À SA VIE

Je me suis souvenu il y a quelques années pourquoi j'ai commencé à aller à l'église et c'était uniquement à cause de:
1) Confort et;
2) Être un meilleur individu.

Dans chaque service, je prenais ce qui m'était applicable et les appliquais dans ma vie pour devenir meilleur, tout en étant responsable de mes devoirs dans l'église. Au fil des années, au fur et à mesure que je devenais plus intrigué, j'ai voulu trouver la vérité à ce que nous entendons de temps en temps; ce qu'est la "religion."

Une partie de cela m'a fait rejeter le terme religion et m'a permis de prendre conscience d'une forme plus élevée de compréhension. Cette compréhension m'a fait prendre conscience des flashbacks que je traversais il y a plusieurs années, qui m'ont amené à entretenir un état d'esprit de bas niveau:

- 2004 à 2012 – Cela comprenait plusieurs incidents dus à des affiliations à des gangs.

DONNER DU SENS À SA VIE

- 2013 - Cela comprenait ma tentative de quitter la vie de la rue, de rester à la maison, d'étudier et d'aller à l'église.

- 2014 - Cela incluait de postuler à plusieurs emplois, d'être non qualifié et rejeté par tous.

- 2015 - Cela comprenait le retrait de l'université pour avoir échoué trois fois à un examen de module.

- 2016 - Cela incluait d'être licencié d'un emploi le deuxième jour après mon anniversaire.

- 2017 - J'ai été poignardé.

Bien que nous ayons 365 jours par an, mes expériences ont eu un impact négatif tout au long de l'année. Cela a influencé mon état mental et l'a rendu difficile et stimulant tout au long de ma vingtaine. La compréhension la plus élevée qui m'est venue était que vous récoltez ce que vous semez (Galates 6:7). Je devrais finalement faire face aux conséquences de mes actes.

DONNER DU SENS À SA VIE

Un dicton très simple à comprendre et une déclaration que nous entendons souvent plusieurs fois, mais difficile à appliquer puisque qu'elle est aussi facile à oublier. Une fois que je me suis retiré de l'état d'esprit négatif que j'avais entre 14 et 22 ans, j'ai pris sur moi la responsabilité de me redéfinir et de m'ajuster.

Il a fallu attendre l'âge de 26 ans pour voir mon état d'esprit évoluer positivement. Tous les mauvais mouvements que j'ai faits dans le passé m'ont appris de grandes leçons qui me servent encore jusqu'à présent et qui font de moi ce que je suis aujourd'hui.

J'avais 27 ans quand j'ai été poignardé, même si ce n'était pas dû à quelque chose de personnel ou lié à un gang. C'est parce que j'ai défendu mon ami lors d'une bagarre en essayant de le protéger.

À l'époque, des représailles m'ont traversé l'esprit. Cela aurait pu être très facile pour moi de prendre une arme et de riposter, mais cela n'en valait pas la peine à cause de ce que je savais maintenant.

DONNER DU SENS À SA VIE

Dans la situation dans laquelle je me trouvais, il aurait été facile de supposer que les représailles sont ce qui nous rend supérieurs, respectés et craints dans la plupart des cas. Vraiment et sincèrement, ne pas avoir à riposter montre et prouve une grande force en contrôlant ses émotions et en se laissant aller.

En 2011, Floyd Mayweather s'est battu pour son combat de boxe pour le titre WBC contre son adversaire Victor Ortiz. Le combat n'a duré que quatre rounds, mais si vous regardez attentivement chaque round, vous vous mettriez d'accord sur le fait que les coups de poing de Victor Ortiz n'atteignaient pas son adversaire Floyd Mayweather autant qu'il le voulait. En revanche, Floyd Mayweather gagnait points après points.

Au quatrième tour, les choses devenaient intenses alors que Floyd donnait des combos après des combos. Alors qu'ils se tenaient l'un à l'autre sur le moment, Victor Ortiz a utilisé sa tête pour frapper doucement la tête de Mayweather. L'arbitre a donné un léger avertissement à Ortiz et le combat a rapidement repris.

DONNER DU SENS À SA VIE

Soudain, après quelques secondes, Ortiz a commencé à obtenir des tirs nets qu'il voulait atterrir depuis le début, mais au milieu de tout cela, il a lancé son corps pour frapper Mayweather avec sa tête, et finalement, Mayweather a subi une ecchymose sur son lèvres, alors qu'Ortiz laissait ses émotions prendre le dessus sur lui au point de perdre le contrôle.

L'arbitre a arrêté le combat et a retiré un point à Ortiz. Mayweather a semblé choqué, mais a gardé son sang-froid et avait la tête dans le combat. Au moment où l'arbitre avait donné le feu vert pour que le combat se poursuive, Ortiz proclamait toujours son pardon envers Mayweather pour son faux mouvement. Mayweather a décroché deux coups nets qui l'ont amené à gagner le combat par KO.

Certains peuvent dire que c'était un coup de poing de Floyd, mais une chose est sûre, un combattant a gardé ses émotions sous contrôle tandis que l'autre combattant n'a pas sue contrôler ses émotions.

DONNER DU SENS À SA VIE

Que pensez-vous qui aurait pu se passer si Floyd Mayweather avait donné un coup de tête à Victor Ortiz comme cela lui est arrivé deux fois et a perdu ses émotions? Considérez ce qui suit:

1. Un point perdu contre Mayweather
2. Cela aurait potentiellement entraîné l'annulation d'un combat coûteux si les deux rivaux perdaient leur sang-froid au lieu de suivre les règles de la boxe.

Un autre exemple que je veux utiliser est la mort d'un jeune artiste musical américain du nom de King Von qui a été tué par balle en 2020. Son implication dans un combat de rue lui a coûté la vie avec un gang rival avec lequel il avait des problèmes. Je n'ai jamais entendu parler du King Von avant qu'il ne soit tragiquement tué, mais depuis sa mort, son nom a résonné intentionnellement dans mon ma tête, ce qui m'a rendu curieux de savoir de qui et de quoi était King Von.

DONNER DU SENS À SA VIE

D'après les recherches que j'ai recueillies, il était plongé dans la rue avec des accusations prétendument meurtrières auxquelles il a déjà été confronté. Bien qu'il n'ait pas été reconnu coupable des charges retenues contre lui, il était clair que la bataille en cours à Chicago avait coûté de nombreuses jeunes vies avant son propre décès.

La mauvaise décision de King Von de ne pas pouvoir laisser les mauvaises bailles derrière lui, tout en se débrouillant très bien financièrement ainsi que sa carrière musicale, et s'occupant de ses proches lui a coûté la vie. Nous avons tous des amis d'enfance que nous avons l'intention d'emmener avec nous lorsque nous atteindrons le sommet, en particulier ceux qui nous ont aidés dans notre passé.

Cependant, le PIÈGE se produit lorsque l'on ne parvient pas à reconnaître que venir d'un lieu de violence coûte à de nombreuses âmes de perdre la vie dans les rues, et malheureusement, King Von était l'un d'entre eux.

DONNER DU SENS À SA VIE

De 27 ans jusqu'à l'âge de 31 ans, j'ai vécu l'état le plus paisible de la vie. Entre ces quatre années, j'ai pu profiter et récolter avec grâce les sages décisions prises, fixer mes objectifs et les atteindre.

Pour moi, c'est devenu ma nouvelle récompense et je suis convaincu que ce qui se passe finira par revenir. Si vous avez été récompensé négativement en faisant du bien aux autres, soyez patient; votre heure viendra finalement quand vous vous y attendrez le moins.

La nature révèle qu'il y a parfois une relation de cause à effet dans certaines situations. Un arbre ne peut pousser qu'avec la graine plantée. Un arbre ne peut pas prospérer sans pluie, et au fil du temps, notre corps est moins susceptible de fonctionner sans nutriments et sans eau. Nos corps sont moins susceptibles de fonctionner mieux sans repos et sommeil.

Si je devais approcher un animal sauvage et que je voulais prendre sa progéniture pour mon propre bien, tout le troupeau me chargerait et attaquerait.

DONNER DU SENS À SA VIE

D'un autre côté, on pourrait gagner une certaine somme d'argent et l'utiliser pour vendre de la drogue, cependant, les effets de ces actions seront basés sur les forces de l'ordre qui aboutiront éventuellement à la prison tôt ou tard. Soyez assez sage pour voir, reconnaître et vous ajuster pour vivre une vie abondante. Tout a été créé pour notre bénéfice et notre réussite. Comment puis-je le savoir? Regardons ce qui suit:

1) Regardez autour de vous; tout a été créé par une pensée qui est d'abord devenue un résultat (Genèse 1).
2) Après avoir été rejeté par plus de 20 agences, j'ai décidé de créer une agence avec mon bon ami.

Redéfinissez votre état d'esprit en réévaluant votre position dans la vie et ajustez-vous afin de puiser dans le niveau supérieur de compréhension.

DONNER DU SENS À SA VIE

"La vie est trop courte et trop précieuse pour la passer avec de nombreuses distractions accumulant des trésors périssables. Essayons plutôt de comprendre le vrai sens de la vie pour enrichir nos âmes."

Socrate.

Chapitre 3

Soi-même

La vie peut être un casse-tête; vous ne saurez pas toujours quelles pièces conviennent tant que vous n'aurez pas pris le temps de les comprendre. J'étais dans un voyage qui m'a permis de me découvrir à travers les expériences de la vie. Ces expériences inévitables que nous traversons nous aident à nous connaître petit à petit. Il est regrettable que certaines personnes ne prennent pas le temps de savoir et de comprendre qui elles sont en raison de leurs environnements et modes de vie qu'elles choisissent de conserver.

Car ceux qui parviennent à rester à l'écart des environnements qui les empêchent d'avancer, finiront par puiser dans leur plus grande force et commenceront à comprendre pourquoi certaines situations ont dû se produire comme elles se sont produites.

DONNER DU SENS À SA VIE

De précieuses leçons de vie, qu'elles soient négatives ou positives, vous aideront à comprendre la vie dans une perspective plus large et à assembler les pièces du puzzle. La vie nous enseigne ce qui suit:

1. Donner un sens à ce que vous avez dû traverser
2. Comprendre pourquoi vous êtes ici sur terre
3. Donner du sens à sa vie

De temps en temps, vous rencontrerez diverses épreuves qui vous feront devenir plus fort et éventuellement façonnera votre perception le monde. Cela inclut les personnes qui vous sont attachées et qui auront un impact positif ou négatif, ainsi que l'environnement dans lequel vous avez grandi.

Nous pouvons avoir plusieurs questions sur la vie, mais parfois, ces questions peuvent ne pas toujours avoir les réponses immédiates. Néanmoins, à travers une quête incessante de questions sans réponse, cela vous fera rechercher l'inconnu.

DONNER DU SENS À SA VIE

La vie est pleine d'inconnus et de mystères car nous ne savons pas à quoi ressemblera demain, cependant, cela vous fera chercher en vous-même les réponses à vos questions. Autrement dit, une intuition vous parlera. Dieu Lui-même est Celui qui nous accorde la liberté de savoir qui nous sommes et les dons que nous avons en nous.

Certains l'apprécient et d'autres pas. Il est important de vous aider à comprendre ce qui vous guide tout au long du chemin. En ce qui concerne mon propre parcours et la façon dont j'ai réussi à comprendre qui j'étais, je suis arrivé à un moment où je me suis intentionnellement séparé de la plupart des gens et j'ai commencé à profiter de ma propre compagnie pendant une saison.

Lorsque cela s'est produit, j'ai tout regardé d'un point de vue externe, ce qui m'a aidé à identifier des situations qui n'auraient pas été comprises d'un point de vue interne.

DONNER DU SENS À SA VIE

Je vais utiliser un combat de boxe comme exemple – il y a une raison pour laquelle un arbitre est dans le ring et trois à cinq arbitres de ligne supplémentaires sont à l'extérieur du ring. Bien qu'ils jouent des rôles différents, ce que l'arbitre voit d'un point de vue externe est généralement différent de celui qui a l'intérieur du ring.

Par conséquent, en sortant de cette période délicate de mon parcours, j'ai eu plus de temps à méditer sur mes propres pensées, ce qui m'a amené à réfléchir attentivement à mes 30 années d'expérience de vie. Ces expériences m'ont permis de puiser dans mon intuition.

Gardez à l'esprit qu'être seul et la solitude ne sont pas la même chose. Mon but n'est pas de vous faire sentir seul et de vous séparer de vos relations. En tant qu'êtres humains, nous avons tous besoin de liens, mais prendre la décision de passer par un état de solitude pendant un certain temps est sain et ne revient pas à abandonner vos proches et ceux qui vous entourent.

DONNER DU SENS À SA VIE

Une étude montre que plus vous êtes déconnecté des autres, plus vous ressentirez une douleur intérieure, ce qui équivaut à un dysfonctionnement émotionnel. Une forme de relations humaines aide de plusieurs manières car elle en dit souvent long dans nos vies et nous aide à devenir de meilleurs individus.

Si nous sommes toujours livrés à nous-mêmes, nous verrons toujours la vie de notre propre point de vue et n'apprendrons pas des autres. C'est une partie cruciale de notre cheminement individuel. Sans cela, nous pouvons passer en mode survie et devenir complaisants. Dans mon cas à l'époque, ce n'était pas ce dont j'avais besoin.

L'une des façons dont je remarque les gens qui parlent dans ma vie est de lire des livres pendant une période de solitude. Bien que je ne me sois pas complètement déconnecté de mes amis, je me suis assuré de garder une distance saine pour refuser toute forme d'activités sociales.

DONNER DU SENS À SA VIE

Dans un foyer brisé où un père est absent et placé dans un environnement où règne l'idolâtrie, j'étais un produit de mon environnement ; rejoindre la vie de la rue neuf fois sur dix. Je voulais simplement plus pour moi.

C'est à travers ma solitude que mon intuition m'a conduit à demander, chercher et frapper. Certaines choses que j'avais demandées, recherchées et frappées ont reçu une réponse et m'ont donné plus de clarté sur moi-même et sur la façon d'atteindre et de manifester les choses que je recherchais en tant que jeune adolescent.

Permettez-moi de décomposer la définition des trois mots ci-dessous:

DEMANDER: Il existe deux types de demandes;

1) physiquement et
2) spirituellement.

DONNER DU SENS À SA VIE

Nous connaissons le terme physique de demander. Avant de demander verbalement, vous auriez d'abord pensé à cela. Je retenais cette pensée dans mon esprit chaque semaine, chaque mois, voire chaque année, parce que ce devait être ce que je recherchais.

Retenir la pensée en permanence est devenu une routine où j'ai commencé à demander d'un point de vue spirituel. J'y ai pensé assez longtemps au point que cela m'a inévitablement poussé à rechercher une vocation plus élevée qui m'a conduit à l'étape suivante. Chercher.

CHERCHER: Ce mot qui signifiait: "essayer de trouver". La seule façon d'essayer de le trouver était d'agir. Je devais planifier et comprendre comment faire ce que je désirais. Nous le faisons lorsque nous recherchons une opportunité d'emploi.

DONNER DU SENS À SA VIE

Quelle direction dois-je prendre ? Je n'ai jamais su comment j'y arriverais, ce qui était souvent frustrant. À l'époque, je ne le planifiais que dans mes pensées et me disais ce que je devais faire, jusqu'à ce que je réalise que l'écrire sur papier m'obligeait à prendre plus d'action. La recherche m'a finalement obligé à passer à l'étape suivante. Frappe:

FRAPPE: L'aspect spirituel de frapper à la porte n'a jamais eu de sens pour moi à l'époque. Comme je savais déjà ce que signifiait frapper, je l'ai défini comme: "continuez à demander jusqu'à ce qu'une porte d'opportunité s'ouvre". Tout cela n'avait de sens pour moi qu'une fois arrivé à la destination de l'un de mes objectifs.

Pour définir frapper comme une forme de réalisation de ce que vous voulez de la vie, vous devez être cohérent. Laissez-moi vous donner un exemple de ce que j'ai vécu.

DONNER DU SENS À SA VIE

Il fut un temps où je travaillais avec un bon ami, Noël pour son entreprise de déménagement. Le travail était dans une ville Cannon Street pour un déménagement de bureau.

À l'époque, le déménagement de **Mak and Sons** m'aidait à m'en sortir car je n'avais pas de travail, mais dans mon esprit, j'ai toujours voulu travailler au centre-ville et me sentir bien en costume.

Pas seulement pour avoir l'image d'un businessman, mais en vouloir plus pour moi-même. Pendant que nous participions au travail de déménagement, je n'étais pas totalement concentré car je continuais d'admirer les passants qui passaient devant la camionnette.

Vous pouvez les imaginer bien présentés dans leurs costumes et utilisant leur téléphone pour discuter leurs affaires de business. Noël a remarqué que je n'étais pas concentré et m'a demandé: "Regarde-toi!

DONNER DU SENS À SA VIE

Tu veux être comme eux, n'est-ce pas?" J'ai souri et je me suis tu, car il savait que j'aspirais à être comme ça. Quelques mois plus tard, je suis devenu l'un de ces hommes en costume travaillant à Cannon Street pour une société d'événements internationaux.

Pour que je frappe, je me suis imaginé à leur place et à leur place dès le départ. Je n'arrêtais pas de m'imaginer dans un costume élégant et je me conduisais comme l'un d'eux. Avant que J'aie embauché de travailler pour cette société, certains de mes amis ont remarqué un changement en moi au point que l'un d'eux m'a décrit comme ayant un caractère conservateur. C'est l'aspect spirituel de frapper ainsi que d'appliquer les deux autres composants: demander et chercher.

La révélation la plus étonnante de tout cela est la découverte de ce qu'est vraiment la prière:
• **Devenir!**
• **Un de notre pouvoir donné par Dieu est DE DEVENIR;**
• **Devenir ce que nous envisageons d'être.**

DONNER DU SENS À SA VIE

Avez-vous déjà fait quelque chose dont vous étiez fier? Avez-vous déjà atteint un objectif que vous vouliez atteindre? Comment vous êtes-vous senti une fois que vous l'avez atteint? Bien non?

Mais, très probablement puissant aussi. Nous le ressentons souvent et proclamons fièrement à quel point nous sommes devenus puissants, mais nous voyons à peine au-delà. C'est exactement ce que Dieu veut pour nous parce qu'il est en VOUS.

"Vous ne regardez pas là-bas dans le ciel pour Dieu, vous regardez en vous."

Alan Watts.

Chapitre 4

Perspectives relationnelles

Il existe plusieurs types de relations entre les amis et ceux que nous classons comme partenaires intimes potentiels. Certaines personnes peuvent prétendre qu'elles sont autodidactes. Cependant, je veux que vous vous posiez cette question: est-il vraiment possible que l'on réussisse à atteindre le sommet sans l'aide des autres? Je suis fortement en désaccord! Bien que les relations soient importantes pour notre progrès, les relations nous aideront ou nous briseront. Allons plus loin.

Amis

Des jours d'école à notre vie d'adulte, nous interagissons avec de nombreuses personnes avec lesquelles nous sommes devenus amis. Tout au long du voyage, nous avons noué et continuons de nouer d'excellentes relations avec ceux qui restent à nos côtés. J'ai eu plusieurs types d'amis au cours de mon voyage.

DONNER DU SENS À SA VIE

En ayant ces amis, j'ai compris que tous ne peuvent pas remplir tous les aspects qu'un ami peut offrir. En d'autres termes, ce ne sont pas non plus tous les domaines que je peux accomplir dans la vie de mes amis.

Chacun joue des rôles différents au sein d'une amitié qu'il est nécessaire d'identifier dès les premiers stades. Pourquoi avons-nous des amis ? Nous avons des amis pour les raisons suivantes:

• Un moment de plaisir et de création de bons souvenirs
• Un temps à perdre
• Un temps de confiance (à se confier)
• Un temps de soutien (financier, mental, émotionnel) d'une manière ou d'une autre
• Un temps de prière
• Un temps pour rester derrière/à côté de vous à travers les tempêtes
• Un temps pour vous pousser, vous élever ou vous aider à reconnaître votre valeur

DONNER DU SENS À SA VIE

• Un temps pour travailler et construire quelque chose de substantiel (dans de rares cas)

J'ai peut-être manqué d'autres domaines que les amis peuvent servir dans nos vies, mais c'est à vous d'identifier dans quelle catégorie vos amis appartiennent et d'accepter le rôle que chacun joue. Une fois cela fait, il devient aussi plus facile d'accepter le rôle que chacun ne peut pas jouer pour avoir l'esprit tranquille et éviter d'être affecté par la frustration que la vie peut apporter de temps en temps avec les amitiés.

Selon la nature des frères et sœurs, cependant, il peut être difficile de nouer des relations avec eux car nous sommes toujours à leurs côtés 24 heures sur 24, 7 jours sur 7. Parfois, nous avons besoin de limites saines pour maintenir le flux des liens familiaux.

Néanmoins, nous avons tendance à créer des liens forts avec nos amis que nous sommes à l'aise de les appeler frère ou sœur, au point de proclamer fièrement qu'ils sont nos sœurs et frères d'une autre mère.

DONNER DU SENS À SA VIE

Néanmoins, même ces amis proches peuvent souvent devenir difficiles à comprendre, d'où la raison pour laquelle il est sain d'avoir plus d'un ami. Lorsque vous ne parvenez pas à comprendre un ami, les autres personnes autour de vous peuvent vous faire comprendre ce que vous n'avez pas réalisé.

Relations intimes

Si je devais changer quoi que ce soit dans ma relation précédente, je ne changerais rien. Pour le simple fait que j'ai appris des aspects précieux de moi-même qui m'ont préparé pour le prochain. Je sais où j'aurais pu me dépasser et faire un meilleur travail en tant que partenaire et homme.

Je sais aussi comment je gérerais non seulement les situations plus efficacement, mais aussi comment je me comporterais avec plus de compétence. Pour ne pas dire que je n'ai pas joué mon rôle dans la relation dans laquelle j'étais; J'ai joué ma position à ce que je pensais être assez bon.

DONNER DU SENS À SA VIE

Nous aurons toujours notre propre point de vue sur la façon dont une situation idéale devrait être jusqu'à ce qu'elle soit ébranlée par la réalité. Néanmoins, je n'ai pas brisé les limites ni la confiance, mais j'ai finalement découvert qu'en plus de ces qualités, il en fallait plus pour maintenir une bonne relation dans son ensemble.

Cependant, ma position n'a pas été assez bien exécutée au point de maintenir la satisfaction à flot. C'est une chose de gagner tout ce que nous recherchons, mais c'est un tout autre aspect de maintenir tout ce que nous avons gagné au cours de la relation. Voici quelques-uns des défis auxquels j'ai été confronté à l'époque et que je souhaite partager avec vous:

- Manque de leadership dans certaines situations
- Manque de stimulation mentale et sexuelle
- Manque de progression de carrière et financière

DONNER DU SENS À SA VIE

Sinon, comment aurais-je su où étaient mes défauts et à quoi j'aurais dû m'adapter, si je n'avais pas vécu ce que j'ai fait dans la relation? Lorsque vous êtes dans votre première relation, surtout à un jeune âge, le plus souvent, cela ne consiste pas nécessairement en une base solide, même si vous pensez la construire au mieux de vos capacités et éventuellement en faire un partenariat durable avec votre significatif.

Une rupture est généralement ce qui rend les individus plus forts et les amène à prendre conscience de leurs fondations qui doivent d'abord être construites de manière indépendante, cependant, cela dépend de l'état d'esprit de la personne.

Je ne me suis pas battu pour les faiblesses que j'avais à l'époque. Je l'ai considéré comme des leçons et des courbes d'apprentissage pour renforcer ma capacité à m'épanouir. Ce n'est qu'à la fin que j'ai considéré ce voyage comme une pyramide de classement.

DONNER DU SENS À SA VIE

Imaginez ceci : au sommet, vous avez tout ce que vous vouliez dans une relation et acquérez les choses qui vous manquaient pour être en bas et que cela soit votre point de départ. Tout comme entrer dans votre première relation, ce sera toujours votre point de départ.

Au sein de ce point de départ, vous grandirez au fil du temps pour réaliser les capacités que vous possédez et les capacités qui vous manquent. Rappelez-vous, personne n'est parfait.

Sinon, comment allez-vous atteindre et acquérir toutes les compétences et capacités nécessaires dans une relation si vous n'avez jamais fait l'expérience d'être dans une relation ou guidé par quelqu'un qui a marché sur ce chemin?

Si vous vous attendiez à avoir chaque qualité ou aspect mentionné ci-dessus depuis votre adolescence jusqu'à la fin de la vingtaine, je suis ici pour vous rappeler que même Roméo n'a pas pu obtenir une femme qu'il a d'abord aimée, qui était Rosaline, pour l'aimer en retour.

DONNER DU SENS À SA VIE

Roméo est finalement passé à une autre femme appelée Juliette et est tombé amoureux au premier regard lorsqu'il l'a vue lors d'une fête (Roméo était définitivement en train de trébucher!) Même après avoir eu Juliette, ils n'ont pas duré en raison de circonstances imprévues.

Dites-vous: "Cela fait simplement partir de la vie; tout ce que je traverse était censé me donner du pouvoir" Soyez responsables et devenez meilleur en acquérant les qualités supplémentaires que la vie vous enseigne.

Étant le seul homme vivant dans un ménage avec deux femmes (ma mère et ma sœur), l'une des leçons clés que ma mère m'a transmises est de savoir comment traiter les femmes en raison de la façon dont elle a élevé ma sœur et moi.

Au contraire, les autres choses qu'elle a ne pouvait pas m'enseigner était l'essence de la loyauté, être un protecteur et comment mener nos propres vies, mais je savais d'où je tenais ces principes – LA RUE!

DONNER DU SENS À SA VIE

Même si nous n'avons peut-être pas la bonne personne pour nous guider tout au long de notre voyage, la vie finira par nous conduire à nos destinées individuelles.

DONNER DU SENS À SA VIE

"Mieux vaut faire quelque chose d'imparfait que de ne rien faire parfaitement."

Robert Schuller.

Chapitre 5

Attachement Cassé

Tout ce sur quoi vous ne pouvez pas arrêter de vous attarder peut devenir une idole à laquelle vous vous attachez, à la fois émotionnellement et mentalement. Vous en voulez toujours plus. Nous sentons que nos attachements apportent le bonheur en raison de l'état de plaisir qu'il procure.

L'attachement que j'ai ressenti était d'être dans une relation, ce qui à l'époque, je n'ai pas réalisé mon impatience pour cela, jusqu'à ce que la relation ne soit pas fructueuse et se termine. L'amour que j'ai échangé une fois a eu un sentiment positif tout en étant dans la relation, malgré les fluctuations de temps en temps.

Cependant, j'ai réalisé les effets négatifs que cela avait sur moi lorsque ma relation s'est effondrée sur une période de temps.

DONNER DU SENS À SA VIE

Je n'ai pas compris pourquoi cela avait un impact si négatif jusqu'à ce qu'un processus de réflexion émerge, qui m'a fait réaliser que j'étais encore trop investi dans la relation. Cela a commencé à donner un sens aux effets secondaires négatifs que je subissais, notamment le fait d'être improductif au travail, de m'isoler de tout le monde et d'être asocial.

Cependant, s'habituer à un sentiment positif qui vous procure une satisfaction émotionnelle, par rapport au fait de savoir qu'il n'y en aura plus était définitivement une leçon apprise et j'ai dû vivre sans. Une fois, j'ai pris conscience de ce qu'était l'attachement.

J'ai pu travailler efficacement sur moi-même et discipliner les sentiments négatifs, car c'était la seule voie à suivre. Il peut être facile de se précipiter dans une autre relation pour apaiser la douleur, mais ce n'était pas la réponse. Ma priorité était une affaire dont je m'occupais de moi-même.

DONNER DU SENS À SA VIE

Aussi douloureux que cela ait été, sans l'expérience je n'aurais pas pensé à me mettre en avant. Je vous recommande simplement de ne pas vous oublier quand il s'agit d'être en couple; vous êtes tout aussi important que l'autre personne.

Vous mettre en dernier peut entraîner le sacrifice de vos priorités pour répondre aux besoins de l'autre personne. Essentiellement, le processus de guérison s'est produit lorsque je me suis occupé de ce qui était le plus important, y compris mon objectif.

C'est peut-être plus facile à dire qu'à faire, mais il est préférable d'apprendre de la douleur causée par la séparation et, éventuellement, de travailler sur la douleur interne et de guérir. Nous avons vu des possessions matérialistes aller et venir.

Comme les denrées périssables ne durent jamais, à quoi bon s'y attacher? Je continue d'apprendre à discipliner mon état d'esprit pour ne pas m'attacher émotionnellement aux biens et aux gens.

DONNER DU SENS À SA VIE

Il s'agit d'avoir une perspective équilibrée sur les deux. Le temps et la concentration ont été les deux facteurs qui m'ont aidé à me libérer de l'attachement émotionnel. Le remplacement de cet attachement était de consacrer plus de temps à améliorer ma santé physique.

Je me sentais mentalement stable pour faire face à la situation, malgré le chagrin. Je me suis constamment concentré sur la façon dont je pouvais améliorer mon bien-être et ressentir un sentiment de satisfaction différent. Prendre soin de mes émotions m'a fait entrer dans un espace d'amour-propre que je n'ai jamais connu.

Le facteur le plus important est de ne pas perdre les axes principaux ; votre santé mentale et émotionnelle. Dans la plupart des cas, lorsque nous avons bonne mine, nous nous sentons bien, et si nous cultivons notre esprit avec positivité, nous produisons de la productivité.

Lorsque nos finances sont saines, nous constatons éventuellement des changements positifs qui ont un impact sur nos proches et donnent librement.

DONNER DU SENS À SA VIE

En fin de compte, cela équivaut à l'amour de soi et au remplacement des attachements brisés, bien que nous ne puissions pas toujours éviter ces leçons, mais nous pouvons choisir d'en tirer des leçons et d'aller de l'avant.

"Tu perds à ce que tu t'accroches."

Buddah.

Chapitre 6

Retrouver ses pieds

Enfant, j'avais beaucoup d'idées sur ce que je voulais devenir; un pompier, un footballeur et d'autres désirs ambitieux. Quand j'étais enfant, je regardais la télévision dans la maison de ma mère, c'était la norme.

Lorsque les films étaient diffusés, je me souvenais d'hommes travaillant dans des immeubles de bureaux de prestige vêtus de t-shirts blancs et de cravates devant leurs ordinateurs. J'ai été attiré par la conduite élégamment vêtue et me suis positionné comme si c'était moi.

Au fur et à mesure que les années m'ont rattrapé, de l'école primaire au secondaire, en passant par le collège et l'université, les circonstances se sont succédées et sont devenues une distraction qui a brouillé la vision que j'avais de ma vie.

DONNER DU SENS À SA VIE

L'image que j'avais n'était pas stockée au premier plan dans mon esprit en raison de ce que j'ai rencontré à l'époque. Avance rapide jusqu'au début des années 20 où ces années m'ont mis à l'épreuve et m'ont mis au défi. Je me sentais perdu à cause de mes bouffonneries.

Cependant, j'ai finalement trouvé mes marques au milieu de la vingtaine où j'ai réalisé que ce que je voulais devenir et le cheminement de carrière dans lequel je travaillais, était l'objectif final envisagé.

Comment j'ai réussi à retomber sur mes pieds?
Je me suis simplement séparé de l'environnement dans lequel j'étais à l'époque, tout en profitant de ma propre compagnie. Après des années passées à être distrait par mon environnement, il y a eu des périodes dans ma vie où j'ai pris la décision d'éviter les ennuis en passant du temps à la maison à chercher un emploi.

DONNER DU SENS À SA VIE

C'était difficile de rester sur place et de passer du temps à construire mon avenir. J'ai reçu un appel téléphonique un matin de mon père. La seule chose dont je me souviens qu'il m'a dite était ceci: "Pense à ta nièce; pense à ton petit frère et à tes sœurs. Si tu finis par aller en prison, tu seras la personne la plus égoïste"

Je n'ai jamais pensé à ce que mon père a dit et à la façon dont cela aurait pu affecter mes frères et sœurs si je me retrouvais en prison. Cette conversation m'a laissé réfléchir et m'a amené à prendre la ferme décision d'arrêter et de faire en sorte que ma vie compte.

DONNER DU SENS À SA VIE

Quand je faisais une pause dans ma recherche d'emploi, je regardais la télévision et parfois, je prenais ma Bible et je lisais quelques passages pour me motiver. Finalement, après des jours et des semaines de recherche d'emploi sans résultat, j'ai regardé une émission télévisée américaine intitulée The Million Dollar Listing; Des magnats américains de l'immobilier vendant des propriétés valant des millions et des courtiers qui recevaient pas moins de cinq chiffres comme commission.

À ce moment-là, j'ai eu un flash-back de la vision que j'avais autrefois quand j'étais enfant. C'est à ce moment que je me suis dit **"OUI! C'EST CE QUE JE VEUX FAIRE!"** J'ai commencé à investir davantage dans le programme, les maisons de luxe, les hôtels particuliers et les appartements qu'ils vendaient. Mon objectif est revenu à moi. Je ne postulais pas à des postes vacants au hasard car mon objectif était de passer la porte d'un agent immobilier. J'ai commencé à chercher quelque chose en relation avec la location.

DONNER DU SENS À SA VIE

Je suis tombé sur une formation de négociateur en location, même si je n'avais aucune expérience et j'ai décidé de m'inscrire. L'enseignement portait sur les compétences clés pour devenir un négociateur de location pratique. J'ai dû passer des examens pour le prix de niveau 2 en pratique de gestion de propriété résidentielle.

J'ai appris non seulement à faire des appels à froid, mais aussi à améliorer mon argumentaire sur ce qu'il faut dire aux propriétaires, à offrir des services de marketing aux propriétés des propriétaires et à générer des locataires idéaux fiables, en organisant des visites et en négociant des accords pour louer des maisons et des appartements.

Bien que je ne touchais qu'une commission, j'ai décidé de postuler à plusieurs postes d'agence immobilière une fois l'enseignement terminé. J'ai fait un acte de foi et remis des CV à plusieurs agences indépendantes et aux principales agences corporatives.

DONNER DU SENS À SA VIE

Cela incluait de postuler en ligne pour s'inscrire à des agences de chantier et d'envoyer des e-mails directement à plusieurs entreprises, ce qui représentait beaucoup de travail. À l'époque, on m'a accordé un entretien avec une petite agence, même si cela n'a pas abouti, et finalement j'ai commencé à perdre la motivation de continuer.

Après de nombreuses tentatives, j'ai réussi à décrocher un entretien avec une agence immobilière indépendante et on m'a proposé un poste pour commencer le jour de mon anniversaire ! J'étais excité et j'avais hâte de commencer. Le jour arriva enfin; J'avais hâte d'apprendre sur le tas, de décrocher le téléphone et de passer des appels, voulant être plus performant que les membres du personnel sur place.

J'ai réussi à obtenir deux visionnements le même jour et j'ai effectué les deux, et j'ai dû rendre compte de la façon dont cela s'était passé vers la fin de la journée. C'était ma première journée de travail terminée.

DONNER DU SENS À SA VIE

À un moment donné, je me souviens avoir rencontré la femme avec qui je sortais à l'époque après le travail. Tout semblait facile et apaisant. Deuxième jour au travail; on y retourne! Je prévoyais d'utiliser le téléphone et de gérer les affaires. Le directeur m'a appelé dans le bureau et m'a remis une enveloppe.

Les mots du directeur étaient: "Je dois te laisser partir, mais c'est ton salaire pour les heures que tu as faites hier." J'étais sans voix et je ne savais pas quoi dire. Après quelques secondes à comprendre ce que le manager a dit, j'ai réussi à demander pourquoi? Le responsable a répondu en disant "Je ne pense pas que vous soyez assez qualifié."

Comment une entreprise offre-t-elle un emploi à un individu après avoir passé l'entretien et une journée d'essai pour ensuite décider que l'individu n'est pas assez qualifié? Je pris une profonde inspiration et je me suis éloigné. L'enveloppe a le chèque d'une journée de travail: 87euro.

DONNER DU SENS À SA VIE

Tout semblait super mais j'avais tort. J'ai renoncé à postuler pour le poste et je ne voyais plus l'intérêt de travailler comme agent immobilier. Le dire à ma mère et à ma petite amie à l'époque était douloureux. En tant qu'homme, certains peuvent avoir l'impression d'avoir échoué et c'est exactement ce que j'ai ressenti.

Les choses empiraient car l'argent était bas. Tous les deux jours, je pensais retourner dans la rue et me bousculer. "Un homme doit faire ce qu'un homme doit faire!" était au premier plan de mon esprit. Cependant, j'ai fait la promesse que je ne retournerais plus dans la rue.

Tout au long du voyage difficile, il m'est arrivé de renouer avec un bon ami qui était du même quartier. Il a réussi à bien se porter et est devenu l'un des meilleurs vendeurs de son travail. Nous passions beaucoup de temps ensemble, mais bien qu'il soit l'un des meilleurs commerciaux sur son lieu de travail, lui, comme tout le monde, traversait des difficultés.

DONNER DU SENS À SA VIE

J'ai réussi à l'aider et à enlever l'un des fardeaux qu'il traversait. Il était reconnaissant et m'a rendu l'appareil en m'offrant un emploi dans son ancien lieu de travail.

Etre ensemble au quotidien, nous avons parlé de mon expérience d'essayer de devenir agent immobilier et de participer à la formation que j'ai suivie à l'époque. Cette conversation nous a tous les deux suscités et nous avons finalement convenu de créer notre propre entreprise dans le secteur immobilier.

Ses mots exacts étaient "ÊTES-VOUS SUR DE CELA?" et ma réponse était "ÊTES-VOUS SUR DE CELA?" Nous avions tous les deux une vision qui nous donnait un but. Nous avons finalement concrétisé cette vision et nous travaillions désormais dans le domaine de la location et de la gestion immobilière.

Que se serait-il passé si j'avais décidé de retourner dans la rue parce que j'étais impatient par manque d'argent? Parfois, je me pose cette question, et seul Dieu connaît la réponse à cette question.

DONNER DU SENS À SA VIE

Il y aura des moments dans votre vie où vous aurez l'impression de perdre, mais finalement, vous gagnerez. Être perdu dans la vie (ou sur votre voyage) contient de véritables bénédictions déguisées. Vous pourriez être doué sans le savoir et spirituellement inconscient de votre voix intérieure; cependant, vous décidez finalement d'y puiser et de réaliser qu'il était déjà en vous.

Ce que j'ai vécu m'a permis de comprendre que cela me guidait dans la prise de bonnes décisions, me donnant la réponse pour sortir de ma situation de vulnérabilité. En me réajustant, je me suis mis en mesure de suivre mon objectif en m'entourant des bonnes personnes. Tout se passera comme prévu, tant que vous pourrez faire les bons ajustements et vous y tenir.

Qu'est-ce qui a joué un rôle dans ma vie?
Connaître mon ami du passé a renforcé notre confiance entre nous alors que nous nous reconnections.

DONNER DU SENS À SA VIE

Le lien que nous avons construit découle du fait qu'il a toujours voulu tirer le meilleur parti de sa situation en plus d'accumuler de l'argent pour le plaisir. Lorsque mon ami a réussi à m'aider à faire partir de l'entreprise dans laquelle il travaillait autrefois, j'ai vu l'autre côté de Chris être au sommet de son art parmi ses pairs.

Proverbes 13:20 (NIV) dit "Marchez avec les sages et devenez sage, car un compagnon d'insensés subit du mal" Il ne m'a pas fallu longtemps pour m'épanouir au sein du même département dans lequel j'ai réussi non seulement à bien faire, mais aussi à gravir les échelons pour atteindre deux postes différents.

La capacité de montrer et de prouver ma valeur était ce que je croyais avoir ancré en moi. Les qualités que je possédais qui m'ont permis de démontrer mon efficacité dans l'organisme ont éveillé ma conviction d'exploiter mes capacités et de travailler sur ma propre vision personnelle.

DONNER DU SENS À SA VIE

Être dans différentes institutions m'a fait réaliser ce que je recherchais; le niveau de liberté que je voulais atteindre. Je me souviens avoir été à l'école, déterminé à réussir dans la vie, y compris à terminer un doctorat. Passer par toutes ces étapes académiques pour avoir la vie que je voulais me semblait réalisable d'une part, et intimidant de l'autre.

Après avoir échoué dans mes années académiques, j'ai réalisé que je devais m'engager dans mon métier, être cohérent et avoir une détermination qui me mènera plus haut. La responsabilité que j'ai prise jusqu'à présent m'a donné un goût de liberté et c'est de pouvoir travailler vers une liberté totale.

Tout au long du voyage, la motivation que cela m'a donnée pour aller de l'avant et atteindre mon plein potentiel était certaine de se produire. C'est ce que je veux pour toi aussi!

DONNER DU SENS À SA VIE

Que vous soyez académiquement intelligent ou non. Prendre l'entière responsabilité de ma vie m'a aidé à ne pas tomber dans le piège du droit de supposer que je méritais tout, mais plutôt à aimer ma famille et mes amis pour les rendre fiers.

Ancien président; La phrase préférée de Barack Obama était la suivante: "Je suis responsable et j'assume l'entière responsabilité." La responsabilité est un trait clé qu'un président doit avoir s'il ou elle doit se présenter pour son propre pays.

Concentrez-vous sur vous! Vous dirigerez votre propre vie en assumant la responsabilité de vos actions, quelle que soit la situation dans laquelle vous vous trouvez. Vous devez prendre le contrôle du résultat et changer les circonstances dans lesquelles vous vous retrouvez.

"Pas jusqu'à ce que nous soyons perdus,

commençons-nous à nous comprendre."

Henry David Thoreau.

Chapitre 7

Le prix ultime

La question que je me poserais concernant les années d'expérience de ma vie est la suivante: quel est le prix ultime dans ce monde? La réponse est: AMOUR. "Car Dieu a tant aimé le monde qu'il a donné son Fils unique, afin que quiconque croit en lui ne périsse pas mais ait la vie éternelle." – Jean 3:16 (NIV.)

L'écriture entière est importante mais je voudrais insister sur, Car DIEU A tant aimé le monde qu'Il a donné. Tout au long des expériences de ma vie, cela m'a fait réaliser que quoi que vous donniez, cela finira par vous revenir. Bien qu'il y ait de nombreuses leçons à apprendre pour l'avenir, mes 31 années sur terre m'ont appris et continuent d'enseigner de nombreuses leçons clés.

DONNER DU SENS À SA VIE

Si vous vous êtes déjà demandé ou demandé pourquoi une certaine personne est si bénie, analysez la façon dont elle se comporte et se comporte, son éthique de travail et sa détermination investies dans ses passions. J'ai appris à témoigner que le service que vous rendez de bonne volonté vous reviendra de la part de personnes qui vous rendront un amour sincère. Si vous deviez fournir un service avec peu d'intérêt, l'amour mis dans ce service rapportera une petite somme.

Une citation célèbre de Ray Bradbury dont on entend souvent parler est: "Aimez ce que vous faites et faites ce que vous aimez." L'effort que vous fournissez est le reflet direct de vos intérêts. Cela étant dit, pensez à échanger tout ce que vous donnez par amour. L'effort que vous donnez est le reflet d'un intérêt élevé qui équivaut au prix ultime. Ce prix vient de différentes manières pour vous bénir déguisé. Il se présente sous des formes physiques et spirituelles.

DONNER DU SENS À SA VIE

Les sentiments de ce que vous recevez après avoir donné sont le plus grand prix de tous; J'appelle ça une satisfaction qui remplit l'âme. Je vais partager ce que je crois être mes deux secrets qui n'ont pas été divulgués. Ainsi, vous êtes le premier à savoir. Ces secrets sont ce que j'ai vécu et vu diverses manifestations du verset biblique :

Matthieu 6:1, 3-4 (NIV): "Veillez à ne pas pratiquer votre justice devant les autres pour être vu par eux. Si vous le faites, vous n'aurez aucune récompense de votre Père céleste (3) Mais lorsque vous donnez aux nécessiteux, ne laissez pas votre main gauche savoir ce que fait votre main droite (4) afin que votre don soit en secret. Alors votre Père, qui voit ce qui se fait en secret, vous récompensera."

Le premier verset nous apprend à avoir de bonnes intentions en aidant les moins fortunés sans attirer l'attention ou la publicité sur nous-mêmes, mais à donner sans que personne ne le sache.

DONNER DU SENS À SA VIE

Chaque fois que je me retrouve à aider des personnes dans le besoin, je m'assure que cela reste entre elles et mon Père céleste. Avec des intentions pures, j'ai puisé dans la croyance aux récompenses qui sont venues dans ma vie en raison de ce principe.

Matthieu 5:44 (NIV): "Mais je vous le dis, aimez vos ennemis et priez pour ceux qui vous persécutent, afin que vous soyez les enfants de votre Père céleste." Le deuxième couplet m'étonne! Bien que j'aie été impliqué dans des rivalités de gangs dans le passé, une pratique que j'ai souvent faite était de citer "Je prie pour mes ennemis", ainsi que mes prières personnelles.

Ce n'était pas facile de prier pour eux à cause du manque d'amour que j'avais dans mon cœur. Cependant, cela n'a jamais été une forme de haine. C'était plus comme si c'était du tac au tac et œil pour œil. Quand je me suis retrouvé à citer cette prière, je la disais sans véritable sens, cependant, une fois que je l'ai lue dans la Bible et que j'ai agi en conséquence, c'est à ce moment-là qu'elle est devenue plus facile à appliquer.

DONNER DU SENS À SA VIE

Avance rapide: lorsque j'ai eu de gros problèmes avec mes adversaires qui se trouvaient dans les mêmes locaux, nous avons échangé quelques mots et décidé de mettre nos différends de côté et de nous serrer la main. Ils se sont entendus avant d'envisager de faire la paix avec moi.

Cependant, je n'ai pas fait le premier pas; ils l'ont fait. Une fois que j'ai lu les passages de la Bible, cela a continué à rester avec moi et m'a donné des principes supplémentaires pour vivre. L'image que je dépeins est que nous récolterons sûrement ce que nous semons, et tout ce que nous faisons dans la vie doit être fait avec de bonnes intentions pour que l'on reçoive le retour d'une vie paisible menant au prix ultime.

Je suis reconnaissant que ma relation avec mon père se passe bien, même si nous vivons à des milliers de kilomètres l'un de l'autre. Je regarde certains de mes amis qui ont perdu leurs parents, et cela me rend reconnaissant, malgré les petites différences que j'ai eues autrefois avec mon père.

DONNER DU SENS À SA VIE

Je suis parvenu à une compréhension mûre avec moi-même pour abandonner la douleur que je ressentais autrefois de l'absence d'un père absent afin d'établir une relation père-fils, quelle que soit la distance. Si j'avais gardé rancune et négligé mon père à cause de ce qu'il ne m'avait pas offert étant enfant, cela n'aurait pas été la réponse. Je peux dire avec fierté que je ressens l'amour à travers la communication que nous avons et les mots prononcés.

Bien que je sois sur la bonne voie pour atteindre mon dernier objectif, mon intuition m'a aidé à évaluer ma vie et à réagir en fonction des situations actuelles pour progresser dans les années à venir. Demain n'est pas promis et il ne faut pas négliger le moment présent, mais être réaliste. Ayez une vision claire comprenant un plan d'action qui vous orientera dans la bonne direction. Qu'il s'agisse d'un espace mental, je réévalue toujours mes pensées de temps en temps pour être le changement dans mon environnement, travaillant au mieux de mes capacités, répondant à mes besoins et dépassant mes attentes.

DONNER DU SENS À SA VIE

Exemples

Pensées: Si j'ai eu des pensées négatives ou toxiques basées sur une mauvaise situation, je les évalue et me dis que je ne devrais pas laisser ces pensées se transformer en réactions qui pourraient mettre la situation en péril. Par conséquent, lorsque je me trouve en colère, je libère la colère en essayant de rester calme.

Lieux: ce sont les endroits où j'ai été, vécu et travaillé pendant plusieurs saisons de ma vie. J'ai réussi à travailler dans quatre secteurs différents, ainsi qu'à rencontrer, interagir et comprendre les différences entre les gens. Outre la Martinique où je suis née et vivant en France depuis mon plus jeune âge, j'ai réussi à voyager seule dans quelques pays sans amis et les expériences m'ont appris plusieurs valeurs ajoutées.

DONNER DU SENS À SA VIE

Objets matériels: lorsque vous êtes déterminé à atteindre un objectif spécifique, votre esprit est susceptible de s'y attarder et de penser à un plan d'action. Notre travail consiste à divertir mentalement et à saisir ce que nous désirons, ce qui nous conduira à agir comme mentionné au chapitre 4. La vision est le facteur contributif que vous devez obtenir pour que les désirs de votre cœur se concrétisent.

Après avoir lu Le chemin que j'ai mené, j'espère qu'il a apporté beaucoup d'inspiration, de ténacité et de détermination. Ma vie est un témoignage, et en y puisant, je n'étais pas conscient du grand sens qu'avait la vie. Je crois que votre voyage dans la vie portera ses fruits lorsque vous prendrez ce qui se présente à vous et embrasserez chaque leçon.

"La chose la plus importante est d'essayer d'inspirer les gens, pour qu'ils soient géniaux dans tout ce qu'ils veulent faire."

Kobe Bryant.

DONNER DU SENS À SA VIE

Auto-évaluation

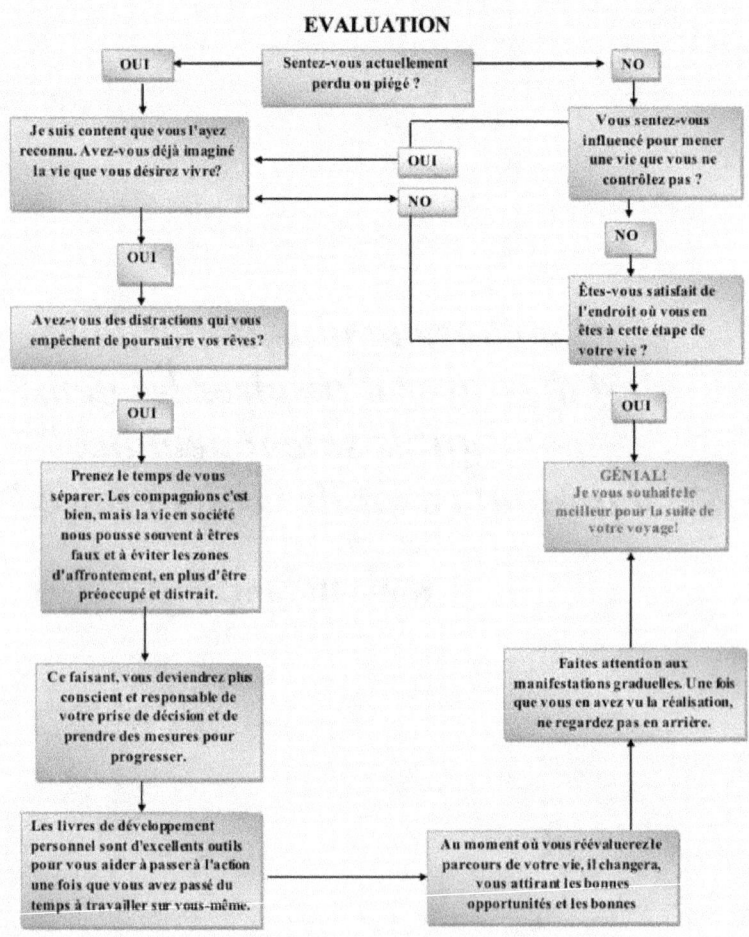

References

Dr Philip Weller. (1941), Shakespeare Navigators, Accessed on 15 December 2020, Available at: <https://shakespeare-navigators.com/romeo/Rosaline.html>

Fred Thomas, (), *King Von*, All Music, Accessed on 20 December 2020, Available at: <https://www.allmusic.com/artist/king-von-mn0003831585/biography?cmpredirect>

Golden Boy Boxing, (2015), Golden Boy Flashback: Floyd Mayweather vs Victor Ortiz, Available at: <https://www.youtube.com/watch?v=vz0p5YqhMrE> Accessed date: 05 June 2019

Jeff Simon, (2014), The Washington Post, Accessed on 23 June 2019

DONNER DU SENS À SA VIE

Available at:
<https://www.washingtonpost.com/news/the-fix/wp/2014/07/10/five-bad-things-that-obama-has-said-hes-responsible-for-video/>

Maria Popova, (2012), Brain Pickings, Accessed on 21 December 2020
Available at:
<https://www.brainpickings.org/2012/03/09/ray-bradbury-on-doing-what-you-love/>

Noor Lobad, (2020), *Who is King Von? Everything To Know About The Lil Durk And OTF Affiliate,* Hot **New Hip Hop, Accessed on 20 December 2020, Available at:** <https://www.hotnewhiphop.com/who-is-king-von-everything-to-know-about-the-lil-durk-affiliate-rapper-news.118424.html >

NOTES

NOTES

DONNER DU SENS À SA VIE

NOTES

NOTES

NOTES

NOTES

DONNER DU SENS À SA VIE

NOTES

NOTES

DONNER DU SENS À SA VIE

NOTES

NOTES

www.ingramcontent.com/pod-product-compliance
Lightning Source LLC
LaVergne TN
LVHW051746080426
835511LV00018B/3247